CONSEJETES DE UN ABUELILLO

Esteban Molina Vela

A todos los nietos, porque por ellos y para
ellos,
brotaron mis palabras.

¿A qué nietos, padres o abuelos ha de extrañar que en ésta, mi obra más deseada de hacer, surja el título de "Consejetes de un abuelillo" como puerta de entrada a un legado jerárquico, elaborado desde mi refugio de escritor, desde mi espacio recolector de ideas y pensamientos?

Pues eso, dejémonos de apostillas y permítanme que me ponga a lo mío.

Aquel día de invierno frío, las nubes lloraban como auténticas plañideras. Como muchos días y como buen jubilado, me levanté temprano, miré al cielo y vi la iluminación repentina provocada por los rayos de una tormenta, fue entonces cuando presagié que el día había nacido muerto, los nubarrones oscuros me invitaron a quedarme en casa. Entonces, me pregunté:

— ¿Qué hace un abuelo encerrado entre cuatro paredes un día como este?

Ante este titubeo, mi mente dispuso que debería escribir unos Consejetes a las personillas que con sus nacimientos, nos etiquetaron a muchos veteranos con el sobrenombre de abuelillos.

Pero... ¿Cómo hacerle llegar el conocimiento acumulado de una vida e inculcarle desde pequeños que "donde termina el esfuerzo, comienza el fracaso" y con un único objetivo: que no se rindan nunca ante nada? Y que lo escrito en esta obra, será el legado de un predecesor, que los motive para ser lo mejor, de lo mejor.

Enumeraré cada uno de los Consejetes, arrancando por el 0, por entender que desde el 0,001 hasta el 0,999 hay un espacio numérico que muchos dejamos en blanco, cuando empezamos a enumerar los capítulos con el número 1, hasta... bueno, en este caso concreto, hasta el número 169.

Sí, son 169 Consejetes de parte de un abuelillo que al día de hoy, se siente con el ánimo y el conocimiento intacto, como para dejar escrito lo que otros muchos se llevaron o llevarán al más allá.

Una vez pensado cómo y qué hacer, trataré de darle un valor plural a lo escrito, con el objetivo de que les llegue a cuantos más niños, muchachos, e incluso a padres, mejor.

Un abuelo no nace, lo hacen y etiquetan, cuando la vida le regala a uno de sus descendientes un retoño, y cuando nos llega esa condecoración, como abuelos, reflexionamos y nos decimos preguntándonos:

— ¡Yo!, a mí, con la juventud casi intacta, que nadie me llame abuelo, porque, ni soy mayor, ni me siento viejo.

Pasado unos días y después del primer achuchoncillo cariñoso al primer bebé, cambias el "chip" y te dices para tus adentros:

—He superado otro peldaño más de mi vida, he conseguido alcanzar el rellano de otra planta. Ahora, toca luchar por la conservación de mi estirpe; ya tengo un sustituto natural, alguien a quien dejar mi legado.

Y por experiencia de vida, reconozco que no existe mejor embajador, que el conocimiento de una vida, conseguido por el conjunto de errores amontonados.

Mi paso por la existencia me enseñó cosas significativas e importantes, y ahora, en vísperas de mi inminente jubilación por la edad, os quiero transmitir estos siete "Consejetes" sin numerar, que han sido la base de la creación del resto de mis 169 "Consejetes".

• Los hijos y nietos son un regalo maravilloso de Dios para los padres y abuelos y para el resto del mundo. Recuérdalo siempre, en especial en los momentos más complicados.

• Lee tantos libros como puedas. Son la plataforma perfecta para el conocimiento de la mente y para el buen hacer de la escritura.

• No tengas miedo, de nada ni de nadie cuando de vivir tu vida se trate. Persigue hasta alcanzar tus sueños y tus proyectos de vida, sin importarte demasiado las opiniones de los demás. Lo peor de todo en la vida es mirar hacia atrás y decir: "Yo debería haberlo hecho, o podría tener aquello. ¡Ah! Evita, si puedes a los pesimistas.

No pospongas nada hasta tener el dinero "suficiente" o hasta que todo "este bien" sobre todo cuando de viajar se trate.

• Todas las personas del mundo somos seres comunes. Nadie por mucho poder, títulos o dinero que tenga es superior a tí. Al igual que tú, jamás deberás sentirte por encima de nadie. Toda la gente tenemos las mismas dudas, temores y esperanzas. Todos comemos, bebemos, dormimos y peemos como los demás.

• Utiliza la sinceridad como bandera.

• Se amable con tus congéneres, especialmente con los niños y con los débiles. Utiliza la empatía con todos, ya que todos llevamos nuestra particular pena y necesitamos de tu compasión y comprensión. Quédate con este dicho Irlandés: "Este es un día en nuestras vidas, y no va a volver." Vive cada día con esto en mente.

- Elige tu trabajo o profesión porque realmente te gusta hacerlo. Un trabajo debe ser una alegría. Nunca se debe elegir un trabajo solo por el dinero. No grites ni pegues a nadie. Es una solución que nunca funciona, ya que a la postre, al que más le dolerá será a ti. Cada vez que pegues o grites, recuérdate que te has fallado a ti mismo/a.

Y este último "consejete" está fuera de testo, para que no lo olvides nunca:

"Da abrazos a los abuelos y a las personas que quieres. Diles lo mucho que significan para tí ahora, no esperes hasta que sea demasiado tarde".

Ahora, os dejo para que disfrutéis de los **"Consejetes de un abuelillo"**

0

La vida que nos tocó vivir: antes, ahora y después.

Muchos somos los que creímos llegar al mundo con la única idea de trabajar, procrear y sobrevivir, hasta sucumbir. Pero... transcurrido el tiempo de fecundar y trabajar, cuando solo nos queda sobrevivir y hasta que... vete tú a saber. Yo creo, que bastantes veteranos de mi generación hemos vivido erróneamente por interpretar esa forma de vida.

A lo que muchos, curtidos por la vida

vivida, llegamos a preguntarnos:

—¿Por qué y para qué llegamos aquí realmente?.

Después de haber vivido muchos años, mi conclusión es esta:

Nacimos para <u>VIVIR</u>, divertirnos y pasarlo bien, disfrutando de lo que tenemos, sin más. Es decir, lo contrario de lo que la mayoría hemos hecho, hacemos o seguirán haciendo las generaciones venideras.

Por la empatía y afecto que todos los abuelos les profesamos a los nietos, les digo a todas las generaciones presentes y futuras del planeta tierra: "no se olviden de vivir la única vida que tendrán para hacerlo".

Nº 1

Sé humilde, e intenta no vivir a lo grande. Pero fantasea, opina e imagina siempre de manera grandiosa. Te lo dice un soñador que fué, es, y seguirá siéndolo hasta el final.

Nº 2

Nunca creas en los tratamientos mágicos, ni en fórmulas prodigiosas contra la caída del cabello. Probé muchos productos y durante bastante tiempo. El resultado siempre fue el mismo "calvo desde los treinta y cinco años"

Nº 3

Desde el inicio de tus desvelamientos para alcanzar la gracia de Dios, no ceses en el empeño de prepararte para tu primer momento burbujeante. Porque...te llegará, seguro, solo será una simple y mera cuestión de tiempo.

Nº 4

Viví en una sociedad, donde tener una carrera universitaria, te hacía situarte de forma más confortable. No conseguí ir a la universidad, y cuando pude haberlo hecho, por despecho no lo hice. Tampoco me hizo falta, la vida me situó bien, dándole algunas lecciones a algún que otro universitario. De hecho, hay una investigación realizada por «Approved Index», donde dice que el índice de millonarios de Forbes, ha determinado que de las 100 personas más ricas del mundo un 32% no han obtenido un

título de educación superior. Pero...
hay dos clases de personas: los
universitarios y los que no lo son.
¡Estudia mucho de joven, para poder
trabajar de adulto! En el fondo de mi
ser, siempre desee poseer una
titulación académica. La sociedad no
te reconocerá mérito alguno si no ve
tu nombre debajo de una fotografía,
en una orla enmarcada, junto a muchos
compañeros de título universitario.

Nº 5

Cuida minuciosamente de no caer en la tentativa de los juegos de azar, los estímulos son altísimos y las opciones del gran premio escasean bastante (nunca me tocó nada). Jugué de forma controlada durante toda mi vida y jamás conseguí el premio soñado. Pero... fantaseé a lo grande en mis sueños, solo por eso, fue barato no ganar.

Nº 6

Cuídate de las miradas capciosas cargadas de lujuria de una parte considerable de jubilados/as de cierta edad. Por el tiempo vivido, solo piensan en eso. Ya que la vida se les acaba y las probabilidades disminuyen.

Nº 7

Si un chico/a te dice "si no lo hacemos lo vamos a tener que dejar" no lo hagas, será inmediatamente después cuando te deje. El sexo es cosa de dos, y el deseo debe ser mutuo, sobre todo, cuando se trata de esa inolvidable e irrecuperable primera vez. Búscate un buen compañero/a, porque el camino es largo, y la vida corta.

Nº 8

Recuérdalo, siempre que tengas que resolver un problema:

—La solución siempre la tendrás en el propio problema. Aunque lo mejor para todos, es evitar los problemas.

Nº 9

Cuidado con las preguntas, y sobre todo a quien se las haces. Si preguntas alguna vez así:

— ¡Mamá! ¿Cuándo decidiste traerme al mundo? Te pueden responder de esta manera:

—Y, qué más da, todo empezó en una picante y lujosa habitación de un suntuoso hotel, que mi mente aun no ha podido borrar.

No ceses en el empeño de preguntar, aunque si preguntas mucho, podrás recibir respuestas no deseadas, o todo lo contrario: recogerás bastantes respuestas brillantes.

Insisto: lo mejor es preguntar, sabiendo siempre a quien le haces la pregunta.

Nº 10

Nunca pidas nada a los que tienen la obligación de dártelo todo. Y... nunca permitas que te pidan, los que tienes la obligación de dárselo todo. Te lo dice uno, que recibió mucho, porque mucho en su vida dio, y no me refiero al dinero.

Nº 11

Sin saberlo, todos en la vida disponemos de cierto número de enemigos. Pero existe uno que predomina sobre el resto, se llama glotonería y es insaciable. Otros le llaman gula. Cuídate de ella, es una tramposa. Moderación es el antídoto, recuérdalo siempre.

Nº 12

La lectura y la escritura abren las mentes a la vez que te van curtiendo el conocimiento, por ello, trata siempre de ser lo mejor, sea cual sea tu sueño de vida. Conocí a muchos números uno, en variadas actividades de profesiones y oficios.

Nº 13

Deja de pensar en las pésimas consecuencias de tus proyectos, estas se convertirán en miedo y te paralizarán las ideas. Siempre dejé a mi instinto libre, y... los resultados... hubo de todo.

Nº14

Nunca hay que desconfiar por muy agobiado que te sientas. La vida siempre sigue, el sol sale y se pone todos los días del año para todos los habitantes del planeta, desesperados y optimistas incluidos. La decisión siempre es personal. En ocasiones tendrás que elegir: entre una cosa u otra cosa distinta, que también es una cosa.

Nº 15

Si eres uno de esos que no vienen de una familia de alto abolengo, de destacado y conocido tronío, y mucho menos de una casta de alta prosapia. Te digo esto, para que recuerdes siempre, quién eres y de dónde vienes. Por el contrario, presume de tu linaje y "nunca mientas sobre tu pasado, ni de tus descendientes" Aún sabiendo que la sinceridad alguna vez te lastimará, la mayoría de las ocasiones te favorecerá.

Nº 16

La superación a uno mismo se consigue con perseverancia y tesón. Si te haces adicto/a a los juegos de azar, el único antídoto que puede dar fin a la enfermedad es el amor. Vive tu vida enamorada el amor curará todos tus males.

Nº 17

Amar es fácil, lo complicado es comentárselo y demostrárselo con frecuencia. Te aseguro que a todos nos encanta oírlo y sentirlo, si lo/a quieres ¡Díselo! Y por supuesto ¡Demuéstraselo!

Nº 18

Recuerda siempre mis Consejetes, estos, los he sacado de una vida llena de errores. Que me fueron muy útiles en más de un acierto.

Nº 19

Piensa siempre que eres lo mejor, pensar de otra forma, es fracasar por adelantado.

Fdo-. El abuelillo y autor de esta obra: Esteban Molina Vela, autor de los libros: "TÚ ERES LA MEJOR" Y "TÚ ERES EL MEJOR"

Nº 20

Somos el binomio perfecto; tu juventud y mi sabiduría por longevo, son como el agua y el aceite en un mismo recipiente. Aprenderás de la perseverancia del tozudo de tu abuelo.

Nº 21

Recuerda siempre que has medrado con mi protección. No defraudes a tu abuelo gastando en vano tu vida. Supérame si puedes, y si no puedes, nunca dejes de intentarlo, al final tus objetivos los alcanzarás. Insistir por el éxito es de valientes, renunciar por el miedo al fracaso es de gallinas miedosas.

Nº 22

Evita siempre que te sea posible una actitud displicente, y aprovecha por el contrario tu tiempo y momento adonis. A todos nos llegan los dos talantes, solo es cuestión de tiempo.

Nº 23

Debes tener cuidado con lo que haces hoy, porque a veces, el ayer, fastidia el mañana. Una vida sin tachones, te asegura tranquilidad y confort para el mañana.

Nº 24

Cuando tus ensoñaciones amorosas afloren, jamás lastres pereza o miedo. No desconfíes a querer demasiado y decir poco. Los sueños amorosos se pueden instalar en la mente o en el corazón. Alargamiento en el primero, desmedido en el segundo. Pero... perdóname por tratar de invadir un territorio que nunca debe ser explorado por nadie más que por tus deslices y mesuras, pese a las continuas vibraciones apasionadas acaecidas por la mocedad. Esta, será tu elección. Nunca dudes si amar mucho es bueno o malo. El halo de tu cuento solo saldrá, si amas muchísimo. Te lo dice un abuelo que vivió toda una vida con la aureola de enamorado.

Nº 25

Mantente siempre en un estado famélico, así, jamás te sentirás saciado, porque al final, es el peor estado.

Nunca debes perder la ilusión por hacer cosas. Una persona está acabada cuando deja de soñar.

Nº 26

Te llevarás grandes estipendios por tus trabajos prestigiosos. Antes debes convertirte en un acreditado/a de una profesión, que te recuerdo, debe ser vocacional. Tú serás lo mejor de lo que quieras ser. Pero antes, debes elegir qué ser; ese es el verdadero problema, ya que ser lo mejor de todo, es imposible.

Nº 27

¡Cuidado! el fracaso y el éxito, siempre caminan juntos. Te lo dice un abuelo que vivió siempre entre ilusiones y desilusiones.

Nº 28

Evitar siempre minimizar vuestros hechos o exagerarlos, buscar continuamente el equilibrio con la mesura necesaria, porque gente infiltrada siempre habrá en tu entorno, y existen en todos sitios. A veces hay que ser y saber de todo un poco, aunque de forma moderada.

Nº 29

Trata con cortesía e interés todo cuanto hagas en tu vida, porque al final te reportará una alta recompensa. Para conseguir tal privilegio, hay que educarse desde bajitos, y... en ello estoy, aunque sin saber por cuánto tiempo.

Nº 30

Tan necesario como respirar y comer, es el contacto físico con los demás y sobre todo, con los bebés; padres y abuelos ya lo hacemos con los pequeños de la familia, pero cuando la edad de juventud te avise, búscate a alguien a quien, abrazar, tocar y besar. Pero cuando te llegue ese momento nunca olvides, que "los bebés y los abuelos necesitamos los mismos mimos y cuidados".

Nº 31

Con la mirada humilde alcanzarás ser lo mejor de lo que te propongas ser. Pues... si lo deseas, lo conseguirás, aunque para ello debes ser diferente. Utiliza como base el conocimiento, éste será el Conseguidor de tus objetivos.

Nº 32

No busques refugio de amistad en territorios de delincuentes y malhechores. Ten cuidado, porque los hay por doquier y en una cantidad impensable. A tus amistades, adviértele lo mismo, de lo contrario ellos te arrastrarán a ti. Te lo dice tu abuelo, que siempre estuvo rodeado de grandes amigos y mejores personas.

Nº 33

No te diré nunca, las cosas que no volveré a hacer, ya que estas me ayudaron a conseguir todos mis grandes éxitos. Debes aprender siempre de tus propios errores, por que como te he dicho con anterioridad, estos serán la base de tus éxitos.

Nº 34

Recuérdalo siempre: los mayores éxitos de tu vida vendrán precedidos del conocimiento de muchos fracasos. Sin errores, no hay aciertos, ni éxitos geniales y sabrosos.

Nº 35

Con tus actos y palabras, podrás cambiar muchas veces la vida de alguien, e incluso darle un segundo de esperanza, hacer que brille su mirada o tocar su propia vida, dejando tus huellas impregnadas en cualquiera para siempre.

Nº 36

Seremos recordados por los hechos que dejamos y por aquello que hicimos por amor. Lo ideal "sembrar solo amor" Pero... tratando de evitar que nadie se aproveche de tu buena voluntad. Dejando un buen legado a tus descendientes honrarás a tu gente.

Nº 37

¡Cuidado! Cuando mires a alguien como un gato hambriento mira a una sardina, porque ese, es el chico/a de tus sueños. Solo dispondrás de una lozanía en tu vida y muy poco tiempo para disfrutarla. Cada instante de tu vida será diferente, por ello, debes saber vivir intensamente cada momento de tu existir.

Nº 38

Nunca pongas en entredicho si amar mucho y hablar poco es bueno o malo, porque amar es buenísimo. El amor lo recibí en abultadas ocasiones y en silencio.

Nº 39

El día que el tic, tac, tic, tac, del reloj del abuelo se pare. Ese día, habrá muerto, será en ese momento cuando deberéis recordar que los últimos pensamientos de los abuelos: fueron, son y serán para los nietos. Eso, también es amor del bueno.

Nº 40

Disfruta, y enumera tus momentos de gloria. Así, encontrarás más y mejores. Debo confesarte que soy un abanderado defensor del destino. Estoy seguro que este viene escrito junto al individuo antes de ver la luz de la vida. Te comento esto, porque algún día, como todos, te harás la eterna pregunta: ¿Es el destino, un invento que justifica todo lo que sucede en nuestras vidas? Si la respuesta es, sí, "no lo dejes todo en sus manos, ya que a veces, es tan diferente a lo que queremos y deseamos, que tenemos la obligación de corregirlo".

Nº 41

Aléjate de la vida azarosa, por la inseguridad que tendrás cuando se aleje tu fortuna. Hay dos maneras de vivir una vida: una, intensamente y con seguridad. Dos, irresponsable, divertida y sin futuro. La decisión deberás de tomarla tú, pero como todo, cuando llegue su momento. Tú elegirás.

Nº 42

Siempre vivirás en una irrepetible, continua e imparable edad. El tic, tac del reloj de la vida es inacabable. Por ello, ¡vive siempre e intensamente cada momento de tu vida! Sobrevivir es de conformistas. Saborear cada instante de la vida, es un quehacer obligado de las personas con sabiduría.

Nº 43

No sientas culpabilidad por estar enamorado/a, sino alegría. Pero ten en cuenta que en la vida solo existe un <u>único</u> amor, el resto son apaños. Te lo dice un veterano que tuvo la suerte de vivir con el verdadero amor de su vida.

Nº 44

La lealtad es una dádiva de tu linaje. Así lo quisimos las generaciones anteriores. Continuar las prácticas familiares engrandecerá tu distintivo y la de vuestra estirpe.

Nº 45

El sosiego sin previo esfuerzo, no existe, incluso para ti, que gozas de voluntad para conseguirlo. Todo en su justa medida y con la edad oportuna.

Nº 46

Afectuosos se tornarán los sacrificios, sabiendo a quien entregamos el conocimiento de la familia, generado por una vida bien vivida, por un abuelillo consejero.

Debes conservar el patrimonio familiar, y lo aportado por tus padres y abuelos. La herencia es un préstamo que debemos entregar intacto, o superado a nuestros hijos y nietos.

Nº 47

No hay nada más honrado e indefenso, que la mirada voluptuosa de un jubilado ninguneado de próstata. Ya sólo se vive del recuerdo de lo que fue, solo le queda la mirada insaciable de las/os jóvenes viandantes.

Nº 48

No permitas que nadie, ni nada, te quite la pasión, pues ésta, es el sostén de la felicidad y del buen vivir.

Cuando la fogosidad se acaba, solo se sobrevive. Sé de mucha gente, a la que esto le ocurrió y aburridos sobrevivieron.

Nº 49

En el terreno de la vida afectuosa, antes de recolectar hay que sembrar, escardar, limpiar y trabajar la tierra de tu siembra, para que al final de tus días puedas cosechar con plenas garantías de éxito.

Nº 50

Recuérdalo siempre:

—La juventud se consume cuando se es joven.

Cada edad tiene su momento para vivirlo ¡vívelos todos! Para decir al final que tuviste una buena y completa existencia.

Nº 51

Búscate un compañero/a inteligente — que los hay— antes que a un tonto guapo/a, aunque de estos abundan más.

Nº 52

Hasta que te amartelen, tus proyectos
de vida serán distintos e inofensivos.
Después, todo será diferente.

Nº 53

Si en alguna ocasión deseas parecerte a alguien, no busques demasiado, ya que debes parecerte a ti mismo/a por encima de todo y de todos. No hay nada más plausible que querer ser, como uno realmente es.

Nº 54

Cuidado con los hijos de la luna, ellos hacen daño a los que como tú, somos hijos del sol.

Nº 55

¡Nunca! ¡Jamás! Se debe abandonar un proyecto iniciado. Perder el entusiasmo e ilusión de conseguir el resultado final, es igual a admitir la derrota sin empezar la contienda.

Nº 56

Vestir harapos con dignidad es más gratificante que galantearse con deshonor. Aún sabiéndolo, hay gente que piensa y actúa de forma contraria. La decisión final, siempre es o debería ser personal.

Nº 57

Recuérdalo siempre, el hombre y la mujer han nacido para ser libres, sin ataduras. No permitas que el sistema, ni nadie te ate y te prive de la libertad e independencia con la que fuimos concebidos. Esto queda muy bien sobre el papel, pero la realidad es que la vida te va atando y minimizando tu independencia soñada.

Nº 58

Nunca mires a un cielo nublado cuando estéis subidos al pedestal de la vida; las nubes se mueven siempre y te fastidiarán cuando menos te lo esperes.

Nº 59

A veces te dejarás llevar por lo supuesto e imaginario. Pero... duda siempre de lo evidente, y déjate llevar por tu instinto desconfiado.

Dudar de lo indudable siempre es lo más sensato. Digo esto por los trucos de la vida que de forma mágica te cautivarán.

Nº 60

Antes de tomar una decisión transcendental en tu vida, debes dilucidar el tiempo necesario, hasta estar completamente segura/o. Es fundamental el ver y analizar pros y contras, antes de... para optar por la mejor opción.

Nº 61

Si puedes no privarte de percibir la sensación de escribir experiencias propias, fantásticas, o reales, no lo hagas. Es un privilegio del que no debes renunciar en tu vida. Los abuelos estarán a tu lado, arrimando el hombro desde el inicio de tus primeras incursiones literarias. Soy consciente que dependerá de tus deseos y de tus habilidades para dejar volar la imaginación, sin prejuicios y sobre todo, sabiendo dejar de lado, el qué dirán por el temor al fracaso.

Se debe actuar siempre con los dictámenes del corazón, pero supervisados por la cordura de la mente.

Nº 62

El lugar ideal para vivir y gastar una vida, es aquel donde se es más feliz. Por esa razón, vive unos años de aquí para allá; aprovecha la facilidad que la globalización nos aporta en este sentido. Trata siempre de mejorar lo mejorable, allá donde estés, y si no puedes, acepta y respeta las normas del lugar, dejándolas como están, o simplemente, cambia de sitio donde vivir.

Nº 63

Lucha desde el inicio por aprender a hablar en público. Busca la oportunidad de aprender a hablar con la pericia necesaria que él público te exigirá, es un privilegio del que nadie debería desaprovechar.

Nº 64

Un desenlace amoroso por un error de Cupido, no siempre es una mala solución. Salvo, algún hecho histórico e irrepetible, nadie se acordará del mérito obtenido el día de ayer. Ahora, en estos tiempos tan convulsos sólo vale el presente. Porque pocos creemos en el futuro. ¡Vívelo hoy! Porque el futuro siempre te será incierto.

Nº 65

Nunca permitas que un fracaso te abata hasta el extremo de ir por la calle cabizbajo. El fracaso de un negocio es el cimiento de una gran oportunidad. ¡Jamás! Una persona debe agachar la cabeza por venirle mal dadas. Disfraza los sentimientos con una sonrisa y todo irá mejor.

Nº 66

Piensa siempre que nunca nada es definitivo, ni en lo profesional, ni en lo personal. Por eso, léete este consejete con la atención que se merece: no escatimes dar aliento en modo de oxígeno a un moribundo, aunque este sea un desconocido. Ya que nunca se sabe donde está, ni quien es el humano o el diabólico. Si resumimos a los seres humanos así: buenos y malos.

Nº 67

Cuando empieces en tu vida a balconear, ése será el momento de buscar un hombro que auxilie tu pesar o que comparta tu alegría. Recuérdalo siempre. "Una juventud enamoradiza debe saber siempre, que los abuelos siempre están ahí".

Nº 68

Son contadas las ocasiones que el tren de las oportunidades pasa por delante de nuestras vidas. Cuando te ocurra deberás de cogerlo sin más dilación, o dejarlo escapar para arrepentirte toda la vida. La decisión de cogerlo o dejarlo escapar, siempre deberá ser tuya.

Y, si tu mente te plantea dudas... ¡Cógelo! De lo contrario pasarás el resto de tu vida añorando el tren perdido.

Nº 69

En la vida tendrás varios encuentros que te chispearán el estómago. Ninguno olvidarás, aunque el primero siempre lo recordarás por entender que sería la persona de tu vida. En ese primer encuentro, si te gusta, no se lo digas al instante, simplemente déjale un reclamo, un... "necesito volver a verte". Esto puede ser desde un miramiento enardecido e insinuante, a un guante olvidado, o el siempre socorrido pañuelo, dejados caer ambos con cierta destreza. Aunque te parezca un gesto añejo, te puedo asegurar que es de una efectividad total. Con esta vieja artimaña más de una abuelita embelesó a su prometido.

Nº 70

Primero el uno, después el dos... Empieza marcándote en la vida pequeñas metas, estas te servirán de sparring para conseguir tus grandes objetivos. Pero siempre siguiendo un orden: primero el uno, segundo el dos y así sucesivamente.

Nº 71

Nunca prometas nada que no puedas cumplir. Una promesa es un documento firmado. En nuestra época siempre fue así y es nuestro deseo que sigua siéndolo. Pero... no olvides nunca que la responsabilidad es sólo tuya.

Nº 72

Recuérdalo siempre: lo bueno es para los que saben esperar, ¿o no...? Nadie sabe el orden de lo bueno o de lo malo.

El tiempo nos lo irá diciendo. Aunque precipitarse no siempre es la mejor opción.

Solo el tiempo vivido, te informará qué es lo mejor para tu vida. Por esa razón ¡vive la vida!

Nº 73

Hasta que consigas la auténtica fusión carnal, no serás un ser completo. Así que... elige bien, y hasta llegado el momento, no te preguntes: ¿con quién será, o quién debería ser?

Nº 74

El eminente verdor de tu <u>Infancia</u>, debes utilizarlo para beneficio de tu llegada a la categoría de <u>Niñez</u>. Porque pasada la pequeñez, te encontrarás de frente con la edad complicada de la <u>Pubertad</u>, que es la puerta de entrada a la <u>Adolescencia,</u> donde te encontrarás con el desarrollo complicado de la sexualidad. Pero... al carecer de experiencia y de la madurez emocional necesaria, deberás tratar con cierta equidad los problemas de una vida adulta. Y...

Deseándolo más que nada en el mundo, te meterás en la edad de la <u>Adultez</u> que para tu información empieza a los 20 años y termina a los 60 años aproximadamente. Es esta la etapa clave de la vida, la del desarrollo mental, profesional y familiar. Son cuarenta años para edificar y justificar el porqué de tu existir. Transcurrido este tiempo será cuando te darás cuenta de lo rápida que pasó tu vida y habrás atravesado la puerta de la <u>Vejez</u>, que se acabará a los setenta para entrar en la recta final, en la complicada y temida <u>Ancianidad</u>, es el último peldaño de la vida del ser humano, donde las arrugas son más patentes, la pérdida de vista se pronuncia, la dificultad para caminar se complica, y es, cuando aparecen los verdaderos problemas de salud. Sin sentirlo y sin darte cuenta, entramos en un estado de decrepitud total. Resumiendo, los abuelos atraviesan la etapa de vejez, donde vuestra presencia en nuestras vidas se ha convertido en nuestro báculo particular. Por ello, los abuelos y nuestros pequeños/as nietos/as, nos ayudaremos a atravesar los distintos niveles y etapas de la vida.

Nº 75

La vida es larga, y en el recorrido pasan excesivas cosas, es por lo que todos tenemos "soles y lunas", "luces y oscuridades" "blancos y negros" ¿"... y..."? Es por lo que siempre hay que estar vigilante porque la vida en general siempre fue así, es así y lo que es peor, seguirá siendo así.

Nº 76

El matrimonio es como un brasero de picón. De vez en cuando hay que remover y avivar las brasas, para que siga calentando, de lo contrario llegará el momento que no emanará calor alguno.

El matrimonio es para los que saben apreciarlo y mantenerlo calentito.

Nº 77

Debes luchar hasta sentirte como un indio guaraní mientras pasea con su canoa entre los manglares del río Amazonas. Disfrutando de la vida y de la madre naturaleza; sin desearlo, pero... queriéndolo.

Nº 78

Mientras podamos y tengamos fuerzas os ayudaremos a vivir bien y a sentiros satisfechos/as con vuestras vidas, por ello, seremos vuestros lacayos mientras vivamos. Porque lo importante no es como acabes tu vida, sino como la hayas vivido. Y... tú estás en el alba de la vida y el abuelo transita por el crepúsculo de la existencia.

Nº 79

Mi queridos/as nietos/as:

En la vida solo hace falta un segundo para tomar una decisión transcendental para tu existencia, por eso, tómate el tiempo necesario antes de, porque una vez tomada la medida, nada, ni nadie, debe hacerte retroceder. Con esta actitud ganarás credibilidad personal y transmitirás confianza a los demás.

Nº 80

A veces, hay cosas que no valen lo que cuestan. *(Dicho popular).*

Dichos de abuelos: nunca delatéis a nadie con la intención de perjudicarle. Que sean otros los que quieran ser tus enemigos.

Nº 81

Piensa en las repercusiones de tus actos. Si el hecho ha sido malvado, la factura será abonada en silencio por tus padres, abuelos y familia en general. Si por el contrario la noticia ha sido positiva, la noticia será compartida y esparcida por el mundo, con suma satisfacción.

Nº 82

En la vida hay que tener los arrestos necesarios para conseguir los objetivos deseados. Ya que, estar vivos, no es suficiente para vivir una vida. Y una vida sin objetivos, ¿qué clase de vida es? Los podrás o no alcanzar, pero nunca se deben de intentar lograr.

Nº 83

La vida se compone de tonos claros y oscuros, y en ocasiones, es la misma vida la que utiliza el color gris, que sin ser de nadie, lo utilizamos todos; o claramente a todos nos lo imponen.

Nº 84

No dejéis de hacer aquello en lo que más creáis, por el hecho de entender que alguien lo desaprobará. Antes deberéis conocer los cuatro pilares básicos para sacar un proyecto adelante: idea, responsabilidad, trabajo y creencia incondicional por el resultado. De tal modo, que si ponéis una buena idea sobre la mesa, y sois capaces de conseguir el compromiso necesario de un grupo, que además, esté dispuesto a no escatimar en horas de trabajo y que entren con un convencimiento total en vuestro proyecto, y de que nada, por complicado que sea se resistirá hasta lograrlo; porque para alcanzar el fruto, todos los involucrados deben estar concienciados sin reserva alguna que para cogerlo, hay que subirse al árbol.

El éxito siempre es posible si no se limitan esfuerzos.

Nº 85

Las relaciones amorosas nunca deben ser fingidas, pues de ser así, estas se volverán en vuestra contra. Tener en cuenta que el amor eterno dura el tiempo que es aclamado, arañado, vociferado y... poco más. Lo duradero de verdad es el cariño y el afecto mutuo, que con el tiempo de vida en pareja se va construyendo.

Nº 86

Todos y cada uno de los seres vivos concurrimos como director y actor de nuestra particular película de la vida. Y todas las películas unidas, formamos el gran largometraje de la historia del mundo, donde todos somos actores secundarios.

—¿Por qué?

—Sencillamente porque la vida es así, sin más.

Nº 87

La vida es muy larga y en el trayecto, te darás cuenta que hay gente que se encarga de hacértela más larga aún. A esa gente: evítalos si puedes. No hacerlo te supondrá prescindir de tu soñada felicidad.

Nº 88

Cuando descubras porqué, y sobre todo, por quién late tu corazón descubrirás el sentido de tu existir.

Nº 89

El amor es algo etéreo, ni se toca ni se ve, solo se siente. ¡Siéntelo tú! Pero con la persona adecuada. Nunca ames por despecho o con desaliento. Esa errónea aptitud te conducirá al otro extremo de la felicidad.

Nº 90

Se tú siempre, ya que... un sucedáneo siempre es una copia de un original. Rehúye ser un substituto de nadie, tú eres único/a e irrepetible. Se tú, siempre.

Nº 91

Tus retos los conseguirás con la fuerza justa y el carisma necesario, y sin complejos de ningún tipo. Porque lo mejor de una persona, es ser siempre, lo que parece ser que es. Y tú, deberás ser siempre como eres. Tú mismo/a.

Nº 92

A veces, la solución de un contratiempo es fruto de una paciencia controlada, tan simple como esperar, que el tiempo lo solucione.

Nº 93

Con el juego del ajedrez aprenderás a pensar con una empatía total, porque de eso trata el juego, adivinar qué piensa hacer el adversario, y para descubrirlo, tendrás que aprender a jugar.

Ten siempre en cuenta que se tarda el mismo tiempo en aprender ser un triunfador, que ser un perdedor. Hagas lo que hagas, no dejes dormir la mente.

Para ser un triunfador , debes utilizar

siempre el mejor y más complejo órgano que tienes "el cerebro".

Nº 94

Dos elementos que debes fomentar desde la infancia: escritura y lectura. Serán de una importancia vital. Para el desarrollo mental e intelectual de tu vida.

Con estos dos pilares básicos, podrás edificar los otros pilares necesarios para construir una vida buena.

Nº 95

Retomar un trabajo es acabar lo inacabado. Procura acabar siempre tus tareas, antes que retomarlas. Te sentirás más segura y tu intelecto adquirirá más confianza. Y tu criterio regirá siempre por el camino adecuado.

Nº 96

Espero y deseo, que huyas siempre de ser una mujer o un hombre suntuoso/a para ser utilizado/a como una simple mujer u hombre objeto, como si de un bonito artículo de decoración se tratara.

Tú, deberás estar por encima de esas históricas florituras.

Nº 97

Busca siempre una sonrisa natural y espontánea, y no intentes forzar una expresión, a todos se nos nota demasiado fingir. Recuerda siempre que debes mantener tu prestancia en cualquiera de sus espacios.

Nº 98

Siempre que salgas a la calle o cuando esperes visita, procura tener buen color de cara, mirar al frente y a los ojos de las personas con las que hables, y sobre todo, mantén tu espalda recta y erguida. Si quieres sentirte y ser célebre y atractivo/a, ese debe ser tu primer esfuerzo. Sin olvidar el consejete anterior. Es más, como me gustó y viene a cuento lo repito con el mismo nº de capítulo(97).

Nº 97
(Repetido)

Busca siempre una sonrisa natural y espontánea, y no intentes forzar una expresión, a todos se nos nota demasiado fingir. Recuerda siempre que debes mantener tu prestancia en cualquiera de sus espacios.

Nº 99

Todo tiene un propósito en la vida y todos tenemos una función que hacer en ella. Lo importante está en descubrir, cual es, la de cada cual.

Son pocas las personas que encuentran su designio, lo que no quiere decir es que tú no lo intentes. Nunca hay que cesar en el empeño de un objetivo, te lo dije antes y te lo repito ahora.

Nº 100

Cuando los años te acercan al final de los días, estos te obligan a ver la verdadera perspectiva de los problemas cotidianos.

Trata de encontrar siempre el negro más oscuro y el blanco más claro de las dificultades habituales de la vida.

Lo que es, es, y no tienes por qué cambiarlo.

Nº 101

Sin valor no hay éxito y... sin éxito, no hay reconocimiento al valor. Aunque... a veces, el miedo te dará valor y el valor te dará miedo.

Nº 102

A veces, los valores se saltan una generación. Para evitar que eso te ocurra, tu abuelo te ayudará a ser lo que tu mamá y tu papá nunca quisieron ser; ahora te toca recuperar su tiempo perdido.

Con tu esfuerzo y la ayuda incondicional del abuelo, conseguirás lo que quieras en la vida.

Nº103

¿Qué es un pálpito?:

Es la ventana que la mente abre para dar paso a la luz de un proyecto, idea o sugerencia del pensamiento. Es el rechazo a la oscuridad, que veía anochecer cuando en realidad amanecía.

Cuando te llegue un pálpito, dale su oportunidad.

Nº 104

Cuando tu mirada vea en una cara los sentidos del amor, percibirás el amor de tu vida.

Cuídate el brillo de los ojos, porque éste, es el resplandor que delata a los enamorados.

El brillo en la parte blanca del ojo es el auténtico anhelo del amor.

Nº 105

Todos tenemos una historia que contar y la obligación de narrarla.

Solo que debes elegir bien a quien se la cuentas.

Nº 106

Desde el principio debes saber lo que quieres y hasta donde quieres llegar. Una vez fijados tus objetivos, ve por ellos sin contemplaciones: ve siempre por la línea más directa, y si por el contrario, el trayecto trae consigo alguna curva, no te contraigas por ello, eso también forma parte del éxito. Es una prueba de perseverancia para con los objetivos marcados, no lo veas como una dificultad.

Nº 107

Todo nieto/a debe recordarlo siempre: que cuando realices algo ilícito "sólo un abuelo le absolverá de culpa, y, nunca poseerá un delito en su vida".

Nº 108

Sin fanatismos. A todos los nietos/as católicos y de todas las religiones del planeta, quiero que: "Dudéis de los que rezan demasiado, porque demasiado temen, o mucho mal han hecho". Te lo dice un católico de toda la vida, que ejerció como tal, pero siempre en su justa medida.

Nº 109

El amor verdadero no se limita a una sola palabra llena de encanto, debe ir acompañada de muchos gestos bonitos y entrañables, generados por el día a día, de una vida en común.

Nº 110

Al final de la vida todos los capítulos vividos se alinean y ordenan desde el desorden vivido. Huye de la vida poco creativa, no caigas en el error del orden por sistema. De una vida desordenada siempre aprenderás más que de la metódica, ¿o no... ? Como joven que eres, tendrás que descubrirlo tú, sin ayuda.

Nº 111

A veces los ojos ven lo que la mente no entiende. Y, a esos hechos se les denomina magia. Lo que la mente imagina y los ojos no ven, lo llamamos religión.

Nº 112

Lectura, escritura y el deseo de aprender son los perfectos aliados del conocimiento.

Para entender mucho, nada mejor que aprender de todo.

Nº 113

Cuando te llegue el deseo de probar las mieles de la vida. Debes evitar que la llama de amor, que en su día encendiste o encenderás, no se apague nunca, por no ser avivada con el interés de conservación necesario. Si por el contrario la tuya no la mantienen iluminada, sóplale, apágala para siempre, ese amor no te merecerá.

Nº 114

Cuando sientas estar flotando con una compañía, no busques ni cordura, ni coherencia. El amor es aleatorio en todos sus movimientos. Algunos enamorados utilizan una metodología selectiva, exhaustiva e intachable porque sus razones son solo económicas, o perfeccionistas, y a esta actitud algunos-muchos le llaman amor —pero no te equivoques— estas conductas amorosas, solo se deben aprovechar al final de nuestras vidas, por el corto futuro y por lo inesperado de este, y... por haber vivido ¡ya! con el verdadero amor de tu vida.

Nº 115

Búscate una compañía moldeable, antes que una indeformable.

De lo contrario se te puede hacer muy largo el camino conyugal.

Nº 116

El amor para mucha gente no es lo más importante. Este gravísimo error, se paga en el ocaso de la vida. Será entonces, al recapitular sobre este pensamiento cuando te darás cuenta de la importancia de las primeras decisiones de juventud.

Nº 117

Aprender a quererse a sí mismo y aceptarse tal cual uno es, es lo primero que debemos asimilar para ser feliz.

Lo que ocurra después, no será responsabilidad tuya.

Nº 118

Confía en el poder de tu mente, ella siempre te dirá qué hacer, y qué no hacer, o mejor... no debes confiar en "alguien tan poderoso".

Cuando lo entiendas, lo alcanzarás.

Nº 119

Nunca dudes si sabrás o podrás ejecutar un proyecto, un objetivo o una meta, sin haberlo intentado antes. La seguridad se consigue, por necesidad y por principios. La vida es larga y el tiempo se te hará corto. Muchos serán los proyectos y objetivos acabados a lo largo de tu existencia.

Nº 120

Si por un casual te ves apurado/a por no ver la solución al problema. Debes acabar con el problema, porque ahí, está la solución. Recuerda que... la mejor solución para salir de un laberinto es encontrar la salida, o no entrar en el enredo.

Nº 121

Te verás en situaciones de un miedo atroz, cuando esto te ocurra: no olvides respirar. Si debes morir en ese instante, que sea otro el culpable, no tu.

Nº 122

Cuando presentes un problema laboral en tu vida profesional, acuérdate de acompañar la dificultad con tres soluciones, y por escrito. Así, descubrirán que realmente hay un problema, pero... solucionable.

Nº 123

Hay una clase de personas que debes evitar a toda costa, como si de la peste se tratara. Son los enriquecidos por el destino, ya sea por herencia o por éxitos personales. Ellos siempre piensan, que la gente desea estar con ellos por su dinero. Su pensamiento egocéntrico cree que todo el mundo gira a su alrededor. Su interés personal siempre irá por delante de todo y de todos en la mayoría de ocasiones. Ante semejantes personajes; mantente firme,...—

¡olvídalos!— y "cada uno en su casa y Dios en la de todos" (dicho popular)

Nº 124

El amor te oscurecerá el sentido común, cuando entre de lleno y te golpee el pecho, desde ese instante no existirá intelecto en el mundo que entienda tus intrigantes e incontroladas acciones.

Nº 125

Nunca creas a las personas que te adulen sin conocerte, sin saber nada de ti, sin venir a cuento, sin más. Son unos mentirosos.

Nº 126

En la tristeza y en la alegría, la nostalgia siempre es complicada de olvidar. "Inténtalo con una sonrisa continuada" así, todo te será más fácil.

Nº 127

Rehúsa siempre ser esclavo/a de nadie, nunca debes ser poseído/a contra tu voluntad, sé fuerte siempre, y lo más importante, ¡jamás! debes permitir ser utilizado/a como una vulgar herramienta de placer.

Tú serás lo mejor de ti mismo/a, si te antepones a todo lo demás.

Nº 128

Los nietos seréis la prolongación de vuestros abuelos, si cogéis como base los Consejetes de éste abuelillo, el cómo serlo dependerá de tu manera de trabajar y de pensar.

Nº 129

Lucha siempre por ser lo mejor en el conocimiento de tu actividad y en cultura cuanto más amplio sea el abanico mejor te sentirás. Cuando la juventud reine en tu vida, el cuerpo adonis también podrá competir por su belleza y carisma natural.

Cuidando el conocimiento de la especialidad de tu trabajo, ampliado la cultura general y mimando el físico, el éxito de la vida lo tendrás asegurado.

Nº 130

La sociedad en general te valorará en la vida por lo que tienes, pero tu verdadero orgullo lo debes de medir siempre por lo que tu seas, y sobre todo, por lo que quieras.

Nº 131

Sólo el pasado está manuscrito. Vive el presente pensando que será escrito mañana, y deja al futuro en blanco, porque... tiempo tendrá el pasado para escribirlo.

Nº 132

La felicidad de la vida consiste en vivir siempre con una ilusión que cumplir, estar embelesado de la persona a quien intentarás enamorar día a día, ser feliz con el dinero que dispongas y tener siempre alguna cosecha por recolectar. Estos deberían de ser tus cuatro objetivos para alcanzar el mejor bienestar.

Nº 133

Sé una persona clara y directa, de mirada frontal a los ojos del interlocutor. Estos delatan movimientos, pensamientos y aclara muchas dudas del personaje, me lo enseñó mi profesor de taekwondo cuando todavía no era un deporte olímpico.

Nº 134

Por educación, debes oír todas las recomendaciones de todos los que te rodeamos y queremos, pero desoye aquellas que creen saber exactamente cómo debes vivir tu vida. La vida se vive una sola vez, y nadie es quién para decirte como vivirla. Porque... sólo hay una vida que gastar y un tiempo indeterminado para derrocharlo o para ahorrarlo.

Nº 135

Hay personas que sólo valen para lo que sirven.
Por favor, no seas una más de esos seres insulsos.

Nº 136

Las cosas, sólo sirven para lo que valen. No te aferres a lo material.

Nº 137

No te obsesiones con la moda.
Aunque te acabes de comprar lo
más novedoso del mercado, al día
siguiente saldrá otra prenda que
dejará la tuya en una antigualla.
Nunca permitas que tu felicidad
dependa de un harapo.

Nº 138

Estos son los siete signos de pobreza más significativos que te impedirán o ayudarán a ser feliz:

1. Pobre de dinero: Es mejor ser pobre y libre, que ser esclavo del dinero.

2. Pobre de viajes: Viajar sin desearlo no es viajar. Pero... con la aspiración necesaria siempre es impresionante.

3.   Pobre de amor: Cuando se vive en desamor, simplemente no se vive.

4.   Pobre de amigos: No existe la felicidad si no es compartida con amigos. Por mucho que se tenga, si no se comparte...

5.   Pobre de pasión: Cuando se carece del deseo por la pasión y se nace pobre de entusiasmo, esto te lleva a la infelicidad total.

6.   Pobre de éxitos: Todos los grandes éxitos, tienen antecedentes de fracasos. Un pobre de éxitos es aquel que nunca tuvo un fracaso. Se repetirá todas las veces necesarias.

7.   Pobre de ilusiones: Nadie vive sin un sueño, y los que lo hacen, sólo sobreviven.

Si consigues superar los siete signos

de pobreza, la felicidad la tendrás asegurada, porque... ser libre es mejor que tener dinero. Viajar por el mundo es lo ideal. Vivir enamorado es el mejor signo. Tener amigos con quien compartir tus signos de prosperidad es lo más. La mejor medicina para el dolor de estómago es la pasión. Los fracasos son siempre necesarios para encontrar el éxito de tu vida. Nadie sabe vivir sin una ilusión que cumplir.

Nº 139

Apuesta siempre por proyectos con vaticinios brillantes, sin saber desde el inicio como acabarán. Debes apostar y arriesgar, la vida está diseñada por y para valientes.

Nº 140

Desde muy joven, debes prepararte para conseguir un trabajo, que te genere lo suficiente como para no tener que pensar en el dinero.

Nº 141

Nunca te doblegues ante las dificultades de los retos. Las derrotas siempre las gana el tiempo. Luchar contra los indeseados infortunios es el reto principal. La victoria consistirá en sobreponerse a las caídas indeseadas. ¡Luchar! Para no morir en el intento.

Nº 142

Si llegaras a ser famoso/a, cásate con un famoso/a. Pero... si no consigues la fama, nunca debes casarte con ningún afamado/a. Porque... los celos son malos compañeros, y estos, no te dejarán vivir una vida sana de mente y cuerpo.

Nº 143

A veces, se compra de forma irreflexiva e impulsiva, debes cuidar estos instintos, porque cuidar los pequeños detalles engrandece la persona. Y para continuar con el ahorro te diría: ahorrar esfuerzo, perfecciona profesionalidad y para según con qué y con quién, esconde tu inteligencia, es un don divino que debemos de proteger y no dejarla ver a primera vista.

Nº 144

Quiero decir que sin importarnos nada el porqué, los abuelos, siempre estamos aquí, "porque los nietos también estáis ahí", vuestra falta de experiencia siempre será complementada por el exceso de vida vivida de los abuelos. La fraternidad entre abuelos y nietos siempre fue así, porque la vida, simplemente es así.

Nº 145

Vive de forma práctica y pon toda la pasión que tengas en tus quehaceres, la vida te premiará por ello.

Aunque siempre te quedará la ocurrente frase: "el destino así lo ha querido". Tanto en lo bueno como en lo malo.

Nº 146

Compartir alegría, ¡Sí!, pero con mesura, es más conveniente. Aunque los amigos estén fastidiados de vuestros júbilos, ellos jamás expresarán lo contrario. Piedad por los que escuchan.

Nº 147

Guárdate o alégrate si una persona de tu ambiente, (chico o chica) llama a tu puerta con una botella de vino en la mano; pues... no hay duda de que desea compartirla contigo, pero en el fondo lo que desea es encamarse y satisfacer sus instintos amorosos. Esto fue así, es así, y seguirá siendo igual, por mucho que evolucione la vida.

El vino es la llave que abre la

puerta de la vergüenza, y una cosa siempre lleva a la otra, y... Te lo dice uno que siempre le encantó degustar y compartir buenos vinos.

Nº 148

"Todo llega para quien sabe esperar"

Antes de…, busca y mira a tu alrededor, verás a verdaderas personas. Utiliza la sencillez de tu vida para conseguir la felicidad en el amor. Te lo dice un dócil veterano.

Nº 149

Futbol: nunca te excedas en tus ambiciones malandrinas para con el eterno rival, pues ellos también tienen niños entre sus seguidores. Hay que ser benévolos con los rivales. No lo olvides, porque... donde las dan las toman. *(Antiguo refrán).*

Nº 150

A veces, una decisión de segundos te hará nadar entre un mar de amargura, o entre un mar de almíbar. Esto te ocurrirá sí, o sí, porque la vida, simplemente es así.

Nº 151

Los que aman demasiado, acaban perdiéndolo todo, y aquellos que aman con cautela son los que triunfan y disfrutan del amor. Por ello, siempre existe un ganador y un perdedor.

Nº 152

Nunca niegues lo evidente, asume tus errores cuando las culpas sean solo tuyas. Ante una situación de complicada solución, trata de buscar siempre el mal menor. Si es que tienes opciones. "Elegir bien, —a veces— pasa por elegir el mejor mal".

Nº 153

El pragmatismo en ocasiones oculta la verdad. Por ello, debes aprender que lo primero, siempre es lo primero. "Este es el orden: primero hay que aprender a andar, después a caminar y por último aprenderemos a correr, pero... siempre hay que aprender a caminar antes de correr". Te lo diré de otra forma para que lo tengas en cuenta: primero el uno, después el dos...

Nº 154

Si en alguna ocasión eres galardonada con el laurel de la victoria y las circunstancias de la vida te descoronan, ese es el momento del desafío de tu vida. Si así sucede, debes de intentar alcanzar el pedestal, luchando desde abajo, desde lo más bajo posible, volver a escalar el podio, ese debe ser tu reto y tu satisfacción personal. Conseguirlo de nuevo es lo más gratificante que existe.

Nº 155

Para alcanzar metas y llegar a ser lo más morrocotudo, a veces tendrás que ser descifrable y otras enigmática, la dificultad está en saber cuándo y cómo hay que aplicar lo uno o lo otro, por lo demás, es fácil, solo debes de luchar por ser una persona multidisciplinar. Así acabarás con los obstinados buscadores de sacafaltas ajenas.

Nº 156

Busca un lugar bonito donde vivir, con personas que te quieran de verdad, y después encuentra un trabajo para sobrevivir.

Recuerda: " todo llega para quien sabe esperar"

Nº 157

Cuidado con tus exigencias de hacer todo perfecto, porque eso te obligará a hacerlo todo mejor que bien. Delegar funciones y pedir responsabilidades, es lo correcto, antes que sentirte agobiado/a por hacerte imprescindible.

Nº158

Debes aprender siempre y de todo cuanto te sea posible, en el conocimiento no hay límites de contenido. El camino es largo y nunca sabes en qué momento necesitarás de lo aprendido. Si restas y no sumas, el total siempre será negativo. Pero... si sumas y sumas, siempre obtendrás un total con saldo positivo.

Nº 159

Para vivir en el mundo civilizado debes disponer de una cantidad digna que oscile entre los 60.000 y 100.000€ anuales. Disponer de mucho más dinero es complicarte la vida y si dispones de menos, la vida te la complicará a ti.

Nº 160

Hay momentos determinantes en la vida. Uno de ellos, posiblemente el principal es cuando el amigo/a de tu hijo/a te abre el frigorífico por primera vez. Justo en ese mismo instante acaban de vulnerar la intimidad de tu hogar.

Nº 161

Si alguna vez te sitúas en la tesitura de ser hormiga o cigarra, busca lo mejor de la hormiga que lo tiene, y no descartes la alegría de ¡viva la Virgen! de la cigarra, que también se necesitan momentos de júbilo, aunque sólo sea de vez en cuando.

Nº162

Lo que más y mejor debes proteger es tu credibilidad. Tendrás toda una vida para conseguirla, y si te lo propones, un segundo para destruirla. ¡Cuídala!

Nº 163

Todos necesitamos un hombro con quien compartir: ideas, dudas, risas, proyectos e ilusiones. Alguien que nos muestre su apoyo y confianza. Búscala, esa persona existe y la encontrarás.

Nº 164

Búscate un trabajo que te apasione, porque una parte importante de tu felicidad dependerá del trabajo que realices en tu vida. Pero... asegúrate porque: "El trabajo nunca debe ser tu modo de vida, el trabajo deberá ser la vocación de tu vida".

Nº 165

Nunca se mira hacia atrás para ser feliz, sólo vale mirar adelante. La felicidad siempre se mira de frente. Como casi todas las cosas importantes de la vida.

Nº166

"La vida es corta cuando se mira la distancia del pasado, y extremadamente larga cuando caes en la rutina del día a día. Trata de evitar estos desmanes horarios. Porque lo mejor de ambas vidas está en vivir de forma desigual y sin rutinas horarias". *(Si puedes hacerlo, claro está).*

Nº 167

En la vida, no importa de dónde venimos, ni quiénes somos, lo que realmente importa de verdad, es lo que se llega a conseguir en nuestro paso por ella.

Nº 168

Cuida el presente con tus acciones, para evitar que tu futuro te lo atrapen con las miserias del pasado.

Nº 169

El amor no se busca, se encuentra. Aunque... a veces, hay que allanarle el camino.

Consejetes de un abuelillo

199

9 781718 125872